Amanda's Dream
Мрія Аманди

Shelley Admont

Illustrated by
Sumana Roy

KidKiddos Books

www.kidkiddos.com

support@kidkiddos.com

First edition

Translated from English by Yuliia Vereta
З англійської переклала Юлія Верета

Library and Archives Canada Cataloguing in Publication
Amanda's Dream (English Ukrainian Bilingual Edition)/ Shelley Admont
ISBN: 978-1-5259-3954-9 paperback
ISBN: 978-1-5259-3955-6 hardcover
ISBN: 978-1-5259-3953-2 eBook

Please note that the Ukrainian and English versions of the story have been written to be as close as possible. However, in some cases they differ in order to accommodate nuances and fluidity of each language.

There once was a young girl named Amanda. Amanda didn't laugh or smile. She was unhappy.

Жила-була дівчинка, яку звали Аманда. Аманда не сміялась і не посміхалась. Вона була сумна.

Amanda had a lot of friends. She had a loving family and lived in a big house with all the things her heart desired. However, she still felt like something was missing.

У Аманди було багато друзів. У неї була любляча сім'я, і вона жила у великому будинку з усім, чого бажало її серце. Однак вона все ще відчувала, що чогось не вистачає.

She didn't smile as she brushed her teeth, combed her hair or even played with her dolls.

Вона не посміхалася, коли чистила зуби, розчісувала волосся або грала з ляльками.

Every night before bed, she sat with her father and played chess, her favorite game, but it did nothing to cheer her up.

Щовечора перед сном вона сиділа з батьком і грала в шахи, свою улюблену гру, але це ніяк не піднімало їй настрій.

One day, Amanda was sitting on a bench in the park and reading her favorite book.

Одного разу Аманда сиділа на лавці в парку і читала свою улюблену книгу.

Out of nowhere, a woman appeared. She wore a beautiful pink dress, and had wavy, flowing locks of hair and big, glowing blue eyes.

Раптом поруч з'явилася жінка. На ній була красива рожева сукня, вона мала хвилясте волосся і великі сяючі очі.

"Hello, Amanda," said the woman as she approached the bench. "Why are you sad?"

- Привіт, Амандо, - сказала жінка, підходячи до лавки. - Чому ти сумуєш?

"I'm not sad," answered Amanda. "I just don't feel like smiling."

- Мені не сумно, - відповіла Аманда. - Мені просто не хочеться посміхатися.

"Are you sure? You seem upset," the strange woman replied.

- Ти впевнена? Ти, здається, засмучена, - відповіла незнайомка.

Amanda decided that she had to talk to someone. She told the woman how unhappy she was.

Аманда вирішила, що їй потрібно з кимось поговорити. Вона розказала жінці, як вона нещасна.

As Amanda breathlessly spilled out all her emotions, she began to cry.

Коли Аманда, затамувавши подих, виплеснула всі свої емоції, вона заплакала.

Suddenly, Amanda stopped crying, looked at the strange woman and asked, "Who are you and how do you know my name?"

Раптово Аманда перестала плакати, подивилася на незнайому жінку і запитала: "Хто ви і звідки знаєте моє ім'я?"

"I'm a dream fairy," the woman said. "I'm here to help you."

- Я - фея мрій, - відповіла жінка. - Я тут, щоб допомогти тобі.

Amanda listened carefully. "You just need a dream—a goal," the fairy continued.

Аманда уважно слухала.

- Тобі просто потрібна мрія - мета, - продовжувала фея.

"I know! I really want one. All my friends have a dream," Amanda said with excitement, "and you know what? Their dreams come true."

- Я знаю! Я дійсно її хочу. У всіх моїх друзів є мрія, - схвильовано сказала Аманда , - і знаєте що? Їхні мрії збуваються.

"Danny dreamed of riding a bike, and last week he learned to ride all by himself."

- Денні мріяв кататися на велосипеді і минулого тижня навчився їздити сам.

"Lillian dreamed of being a ballet dancer, and now she has dance lessons and dances in different shows."

- Ліліан мріяла стати балериною, і тепер вона ходить на уроки танців і танцює в різних шоу.

"I really want to have some kind of dream come true, too. I just don't know how to get one."

- Я теж дуже хочу, щоб моя мрія стала реальністю. Я просто не знаю, де взяти мрію.

"A dream isn't something that can be given to you," said the dream fairy. "You need to have one inside your heart. Don't worry, it isn't as hard as it sounds. I can help you."

- Мрія - це не те, що можна десь узяти, - сказала фея мрій. - Ти повинна мати її у своєму серці. Не хвилюйся, це не так складно, як здається. Я можу тобі допомогти.

Amanda looked up at her and wiped away her tears. She felt much better now.

Аманда подивилася на неї і витерла сльози. Тепер вона відчувала себе набагато краще.

"All you have to do is go home and think about what you want," continued the fairy. "Write down all your favorite things to do and what you love about them."

- Усе, що тобі потрібно зробити, це піти додому і подумати про те, чого ти хочеш, - продовжувала фея.

- Запиши всі свої улюблені заняття і те, що тобі в них подобається.

After that, she disappeared as if she had never been there at all.

Після цього вона зникла так, ніби її ніколи і не було.

What do I want? I know, I want a lot of candy, thought Amanda on her way home. No, why do I need a lot of candy? I'll eat a little and then not want any more.

"Чого ж я хочу? Я знаю, я хочу багато цукерок", - думала Аманда дорогою додому. "Ні, навіщо мені багато цукерок? Я трохи з'їм, а потім більше не захочу."

I want a lot of dolls of all different kinds, she thought, but then changed her mind again. No, I don't need a lot of dolls. I have enough already.

"Я хочу багато різних ляльок", - подумала вона, але потім знову передумала. "Ні, мені не потрібно багато ляльок. У мене і так достатньо."

So what do I want? Amanda continued to think hard about what her dream could be. Maybe a cute little dog?

"Так чого ж я хочу?" - Аманда продовжувала напружено думати про те, що могло б бути її мрією. "Може, гарненьку маленьку собачку?"

No, it would be better to have new crayons or pretty earrings. Or maybe I want to be a famous actress or a princess?

“Ні, краще було б мати нові олівці або красиві сережки. А може, я хочу стати знаменитою акторкою або принцесою?”

She thought of reading her favorite books and of playing with her friends. She thought of music, dancing and painting.

Вона думала про те, щоб почитати свої улюблені книги і пограти з друзями. Вона думала про музику, танці та живопис.

She thought and thought and thought, but she still didn't know what she wanted.

Вона думала, думала і думала, але все ще не знала, чого хоче.

She carried on thinking even when her father came home from work. Just like every evening, Amanda and her father played chess.

Вона продовжувала думати, навіть коли батько повернувся з роботи. Як і кожен вечір, Аманда і її батько грали в шахи.

She enjoyed playing chess that evening so much that she forgot all about her conversation with the dream fairy.

Того вечора їй так сподобалося грати в шахи, що вона зовсім забула про свою розмову з феєю мрій.

That night when Amanda went to sleep, she had a dream.

Тієї ночі, коли Аманда заснула, їй приснився сон.

In her dream, she walked through the doors of a big building. She wandered down a long corridor, following the sound of excited voices, until she entered a large room.

Уві сні вона зайшла крізь двері до великої будівлі. Вона блукала по довгому коридору, слідуючи за звуками захоплених голосів, поки не ввішла до великої кімнати.

It was a chess competition. She looked around and heard her name called over the speakers. She was going to play next!

Це було шахове змагання. Вона озирнулася і почула своє ім'я, вимовлене через гучномовці. Вона збиралася грати наступною!

In the first round, Amanda played against children of her own age and won every single match. She was excited, determined and surprisingly good at chess.

У першому раунді Аманда грала проти дітей свого віку і вигравала кожну партію. Вона була у захваті, сповнена рішучості і напрочуд добре грала в шахи.

In the next round, she played against older children and won every match again.

У наступному раунді вона грала проти старших дітей і знову вигравала кожну партію.

At the end of the day, she was titled the Chess Champion.

Зрештою, вона отримала титул чемпіона з шахів.

Amanda woke up overjoyed. The dream had felt so real! She wanted to be a chess champion. She picked up a pen, scribbled "chess champion" on a piece of paper and ran out of her room.

Аманда прокинулася у нестямі від радості. Сон здавався таким реальним! Вона хотіла бути чемпіоном. Вона взяла ручку, надряпала на клаптику паперу "чемпіон з шахів" і вибігла з кімнати.

She hugged her father and shouted, "I'm going to be a chess champion!"

Вона обійняла батька і закричала: "Я буду чемпіоном із шахів!"

Amanda's father smiled, gave her a tight hug and said, "I believe in you, dear."

Батько Аманди посміхнувся, міцно обійняв її і сказав: "Я вірю в тебе, сонечко."

A few days passed and a chess competition was going to be held at school. There was great excitement in the air.

Минуло кілька днів, і в школі мало відбутися шахове змагання. У повітрі панувала велика напруга.

Amanda was nervous at first, but she was confident she would win. After all, she had won the championship in her dream.

Аманда спочатку нервувала, але була впевнена, що переможе. Зрештою, вона виграла чемпіонат у своєму сні.

From the moment the competition began, however, it was obvious that Amanda wasn't as strong of a player as she thought. She lost the very first game.

Однак з самого початку змагання стало очевидно, що Аманда не така сильна в грі, як їй здавалося. Вона програла першу партію.

She was hurt and disappointed in herself. It wasn't anything like the competition in her dream.

Вона була ображена і розчарована в собі. Це було зовсім не схоже на змагання в її сні.

Sad and discouraged, Amanda arrived home. She sat on the bed and started to cry.

Сумна і збентежена, Аманда повернулася додому. Вона сіла на ліжко і заплакала.

How could this happen? she thought. I dreamed about this. I should have won!

"Як це могло статися?" - подумала вона. "Я мріяла про це. Я повинна була перемогти!"

"Why are you crying, dear?" said a familiar voice. The dream fairy was sitting next to her.

- Чому ти плачеш, люба? - сказав знайомий голос. Фея снів сиділа поруч з нею.

"What's the point in having a dream if it doesn't come true?" answered Amanda.

- Який сенс мати мрію, якщо вона не збувається? - відповіла Аманда.

The dream fairy put her arm around Amanda's shoulder. "In order for your dream to come true, you have to practice," she explained kindly. "You have to work hard and try over and over again until you make it happen."

Фея мрій обняла Аманду за плечі.

- Щоб твоя мрія збулася, ти повинна практикуватися, - добродушно пояснила вона. - Ти повинна багато працювати і намагатися знову і знову, поки не досягнеш свого.

Amanda listened carefully to the dream fairy and knew she was right.

Аманда уважно вислухала казкову фею і зрозуміла, що та має рацію.

"Do you really, really want to be a chess champion?" asked the fairy.

- Ти дійсно хочеш стати чемпіоном із шахів? - запитала фея.

"More than anything else in the world." Amanda smiled and stopped crying.

- Більше всього на світі, - Аманда посміхнулася і перестала плакати.

The dream fairy came closer to Amanda and whispered, "Then you know what you should do."

Фея мрій підійшла ближче до Аманди і прошепотіла: "Тоді ти знаєш, що тобі слід робити."

Before Amanda could say another word, the fairy disappeared.

Перш ніж Аманда встигла сказати ще хоч слово, фея зникла.

Amanda thought for a moment, hopped off the bed and ran to her father.

Аманда на мить задумалася, зістрибнула з ліжка і підбігла до батька.

"Dad!" she shouted. "I want to be a chess champion!"

- Тату! - закричала вона. - Я хочу стати чемпіоном з шахів!

"I know, Amanda, you've already told me. But how are you going to accomplish it?" he asked.

- Я знаю, Амандо, ти мені вже говорила. Але як ти збираєшся це зробити? - запитав він.

"I want to sign up for a chess club, and I'm going to practice every day. I don't even want to watch TV or play with my toys—I just want to do this."

- Я хочу записатися до шахового клубу і буду тренуватися щодня. Я навіть не хочу дивитися телевізор або грати зі своїми іграшками - я просто хочу зробити це.

"Are you sure?" her dad asked.

- Ти впевнена? - запитав її батько.

"Yes!" Amanda answered. "I will do anything to be the chess champion."

- Так! - відповіла Аманда. - Я зроблю все, щоб стати чемпіоном із шахів.

"I'm proud of you, sweetheart, I know you'll succeed."

- Я пишаюся тобою, люба. Я знаю, що ти досягнеш успіху.

Her father hugged her tightly, and Amanda's face shone with pride and excitement.

Батько міцно обійняв її, і обличчя Аманди засяяло від гордості і хвилювання.

Amanda began to practice for the next competition. She spent most of her days playing chess.

Аманда почала готуватися до наступного змагання. Більшу частину часу вона проводила за грою в шахи.

She studied at the chess club, practiced on the computer at home and played chess with her dad in the evenings.

Вона займалася в шаховому клубі, займалася вдома на комп’ютері, а вечорами грала в шахи з батьком.

She didn't mind not playing with her dolls or watching TV—she was focused on becoming the best chess player she could be.

Вона не заперечувала проти того, щоб не грати зі своїми ляльками або дивитися телевізор, - вона була зосереджена на тому, щоб стати найкращим шахістом, яким вона тільки могла стати.

Finally, the day of the next competition arrived. Amanda excitedly stood up for her first match and met the same boy she had lost to in the previous competition.

Нарешті, настав день наступного змагання. Аманда схвильовано прийшла на свою першу партію і зустріла того ж хлопчика, якому програла в попередньому змаганні.

"Are you ready to lose again?" the boy asked mockingly.

- Ти готова знову програти? - глузливо запитав хлопчик.

Amanda just smiled. Deep in her heart, she was confident that she was ready.

Аманда тільки посміхнулася. У глибині душі вона була впевнена, що готова.

The match began right away. Amanda won easily and was excited to play more.

Гра відразу розпочалася. Аманда легко виграла і була рада зіграти ще.

She won the second match, and the third and the fourth, and on it went. Each match was harder than the one before, but thanks to her hard work and determination, Amanda won every time.

Вона виграла і другу партію, і третю, і четверту, і грала далі. Кожна партія була важчою за попередню, але завдяки своїй наполегливій роботі і рішучості Аманда вигравала кожного разу.

At the end of the day, Amanda was awarded the title of School Chess Champion.

Зрештою Аманді було присвоєно звання чемпіона школи з шахів.

She showed her medal and trophy proudly to her family and friends. She was so happy, and knew that she could achieve anything she wanted.

Вона з гордістю показувала свою медаль і трофей сім'ї та друзям. Вона була дуже щаслива і знала, що може досягти всього, чого захоче.

That was how Amanda found her dream and made it come true.

Так Аманда знайшла свою мрію і здійснила її.

From that day on, Amanda was never sad again. Now she already knows what her next dream will be and what she has to do to make it come true.

З того дня Аманда більше ніколи не сумувала. Тепер вона вже знає, якою буде її наступна мрія, і що їй потрібно зробити, щоб її здійснити.

How about you?

А як щодо тебе?

What's your dream and what will you do to make it come true?

Яка у тебе мрія, і що ти зробиш, щоб вона збулася?

www.ingramcontent.com/pod-product-compliance
Lightning Source LLC
LaVergne TN
LVHW070350250826
846485LV00009B/59